내가 나에게 하는 말

내가 나에게 하는 말

김상분 시집

도서출판 규장

| 작가의 말 |

들, 곡식 거두어들인 황량한 들 녘, 논 둑 길섶에 애잔하게 홀로 피어있는 코스모스 한 그루에서 불현 어떤 동질성을 느끼며 멈춰진 나의 시선.

비록 연약하여 소슬바람에도 흔들 거렸지만 강인한 생명으로 맑고 푸른 하늘아래 고운 꽃을 피워냈구나.

나 또한 생명의 큰 축복 입어 감히 시인이란 영광을 안고 풋풋하고 순수했던 동심의 시절들을,
광범위한 사회의 일인으로 걸으며, 달리며 넘어지고 일어선 가슴 뛰던 파동들의 생생한 기억들을,
여자란 사명으로 생명을 탄생시키고 가꾼, (여자 누구나의 의무 수행)숲속 동화 같은 이야기들을,
오직 나 혼자 돌을 깨어 광석을 가려내듯 분해하고 다듬으며 정화 시켜 온 내 마음 속, 작은 옹 달 샘가, 이름 없는 들 풀 같은 시집 한 권.

그러나 어딘가 이가 맞지 않는 것 같은 미흡함에 뒤척이며 궁상하며 넘긴 많은 시간들이었으나 끝내 아쉬움을 채우지 못한 채 나만의 판도라 상자의 뚜껑을 연다.

일 년만, 아니 몇 달만 더 시간이 주어진다면 하는 아쉬움도 뒤따르지만 그 시간이 주어진다 해도 미흡함은 채워지지 않을 것이다. 사람은 더러는 얼마간의 아쉬움이 따르는 삶을 살아가고 있다는 어쩌면 나만의 고루한 생각 때문일지도 모른다. 그리고 그 아쉬움이란 후회로 인하여 더 분발하여 성숙된 내일이 열리는 것이 아닐는지, 하는 내 변명내지 포부로 스스로를 위안해 본다.

 Computer Shutdown을 누르고 조금은 착잡한 마음 되어 4월의 야생화가 흐드러지게 핀 하이웨이를 달려본다.

여러분의 복된 나날을 기원 드리며

캘리포니아 엘에이에서 저자 **김상분**(샌디)

차 례

작가의 말   4

묶음 하나

1월 1일	12	이 가을에는	26
느티나무	13	고추잠자리	27
화초	14	본향	28
오월	15	나는 해바라기	29
민들레	16	작은 별 같이	30
10월은	17	풀꽃	32
시는	18	투혼	34
빗물	20	자연의 소리	36
비는 내리고	21	새들의 고향	38
무심한 비	22	회상	42
가을비	24	확신	43
가을 밤	25		

묶음 둘

이런 날은	46
운명	48
낯선 여자	49
소리	52
높은 산	54
장미 꽃 차	55
커피 한잔의 추억이 30년을 간다	56
동백	57
텃밭	58
하루는	59
시작은 반	60
정말 좋겠네	61
팜 트리 3	62
팜 트리 4	64
껍딱지 공생	65
산마을 아이들	66
제공자	68
사막이다	70
오물	72
자유	73
욕심	74
담을 넘어	75
나는 욕심쟁이	76
氏(조상의 성)	77
罪人의 回心	78

묶음 셋

달의 모습에서	82
고추 조림	83
기다림이란	84
렌트 살이	85
감기	86
별	87
등대	88
세월 2	89
세월 4	90
덫	92
담쟁이를 닮았네	93
담쟁이	94
후회	95
동자승	96
벗	97
엄만 거짓말	98
낚시	99
여덟 마리 잉어	100
그랜드 캐니언	101
어디로 가는가	102
나를 찾아	103

묶음 넷

끝에 대하여	106
싶을 때가	107
한 마디	109
동짓달	110
달	112
낮달	113
고구마 순	114
허황	115
성아	116
에버그린 여성 합창단	117
홍도 절경	118
그리움	120
석류	121
독거노인	122
불편함을 모른다	123
장수 가족	124
내일은 꼭	126
손녀	128
신생아	130
외출	132

1

묶음_하나

1월 1일

어둑한 새벽
장엄하게
떠오를 빛을 맞으러
그리피스 산 정상으로 간다
눈부신 광체
태양이 솟아오를 때
모인 각 나라 사람들
와!!
감탄사의 함성
모두는 하나가 되어
새해 첫날 아침을 맞이한다
그리고
뜻은 달라도
그리피스 산에서도
시내 산 예수의
절절했던 기도처럼
각자의 가슴에도
절절한 기도가
흐른다

느티나무

오랜 기다림
간밤
쏟아 낸 비에
연 녹색 새순
하늘과 생면했다

여리고 고운
초록 잎 위에
신성의 축복 같은
작은 이슬방울 내려
아침 햇살에 영롱하다

실뿌리로
굳은 흙 밀쳐낸 태동
생명의 힘,
드디어 삶, 터 잡아
거목된 느티나무

화초

사랑해서
마음 다해
몇 그루 화초
너를 가꾼다

아침, 저녁
물, 거름, 쓰담, 쓰담
몸 스치며 키워 온
생명들

먼 곳에 있는 친구
만나는 일 적어
어쩌다 전화 통화
할 말 궁해 아쉬운데

수시로 손을
마주 잡는 화초
무언의 대화지만
좋은 벗 되는구나

오월

눈부신 태양아래
아카시아 꽃향기 속으로
벌, 나비 찾아드는
오월의 여신이여!

내 삶을 위한 행복도
내 미래를 위한 이상도
오월의 활기처럼
나!
그렇게
성장 시켜 주소서

민들레

기존의
민들레이기를 거부한다
현 시대에는
높이, 높이 올라가
머~얼~ 리, 날려
자신의 영토 넓혀야 힘을 안 것이다

10월은

낙엽이 뒹구는
10월은
그리움의 달
높은 하늘 밝은 달빛
사그락, 사그락
낙엽 진 오솔길에 서면
누구라도 시를
노래하게 한다

들어 줄 이 없어도
들려 줄 이 없어도

날리는 낙엽에
기우는 저 달 편에
시 한 편 적어
어디든 띄우고픈
마음 일게 하는
시월은 누군가가
몹시도 그리워진다

시는

어느 님 이 쓰신
한 소절의 글귀에
내 마음
두둥실 초원을
날아가네

작은 책상 앞에 앉아
펼칠 수 있는 무한의 세계
그것은
허기진 농부의 곳간에
한 가득 양식 채우는
뿌듯함, 그런 것이었네

나, 누군가의
마음 출렁이는 시 쓰고파
뜨겁게 타던 열정이
아득한 늪 속에서
허우적일 때

시는 순백의 눈꽃 같은
마음을 그리는 거라고
겨울 장미 같은 향기를
찾아내어 증명하는 거라고
속삭여 주네

빗물

무슨 설움일까
하늘에서 빗물이
후두둑 차창을 치며
통곡을 하신다

생명을 귀히 여기시는
전지전능하신 분께서
끝없는 인간의 악행에
끝내 설은 눈물 흘리시는가

빗물을 보는 나도
눈물이 난다
울고 싶었던 날들
얼마나 많았던가

여자는 참아야 한다고
박힌 못 홀로 뽑던
무수한 나날들
너도 함께 울어
쌓인 설움 쏟아내라고
달리는 차창에
마구 눈물을 뿌리신다

비는 내리고

온종일 비는 내리고
공연히 울적해진 나는
차 한 잔 나눌
친구가 그리워
전화를 들었으나
걸 곳이 없네

애꿎은 마음에
창밖만 보는데
건너 집 추녀 끝에
젖은 몸 털고 있는
비둘기 한 쌍
궂은비는 내리고
나는 비둘기만 보네

무심한 비

사막
좀체 오지 않던 비
오늘은 진종일 내린다
비는 슬픔의 징표라 했던가
생성의 상징이라 했던가

공연히 먹먹해진
울적한 마음은
시 한줄 떠올리려 했지만
빗줄기가 온통
마음을 뺏어 갔다

무심한 비는
이 맘 아는지 모르는지
춤을 추듯 뿌리고
갈증에 시달리던
초목들만 덩실 춤을 춘다

긴 시간 지나
마음 저 깊은 곳에서
뭉클 치고 올라온 한 숨
아! 이, 비는 그리운 이의
창가에도 찾아 갔겠구나

가을 비

먹구름에 짓눌린 밤
수은등 앞으로
주룩주룩 비 내린다
마지막 까지 생의 끈을
놓지 못한 몇 개의 나뭇잎
냅다 곤두박질친다

왕성했던 가지의 잎들
모두 잃은 맨몸 가지에
흥건히 젖어드는
우수
고적감

그래도
언 땅 속 뿌리들
반듯이 희망은 있다고
서로 얽히고 설키여
고된 뿌리 역할 잠시 접고
동면의 휴식을 한다

가을 밤

차갑고
깊은 밤
퇴색된 갈대숲에
몸 사릴 곳 찾지 못한 귀뚜라미
 울어
    울어
       울어
가을밤은 더욱 깊어만 가고...

이 가을에는

밤사이
오염된 공기
수정같이 닦인
맑은 하늘에
목화융단 깔아놓고
고은 잎 보낼 준비로
간밤 그토록 세찬
비바람 뿌렸나봐

나 또한 이 가을
어디든 떠나고파
바람 몹시 부는 날
높은 언덕 올라서면
하늘의 흰 구름처럼
고은 단풍잎처럼
그렇게
여행 갈 수 있었으면

고추잠자리

할머니!
빨간 잠자리가
왜
고추잠자리야?

그건 고추처럼
빨갛기
때문이란다

할머니!
그럼 나도
빨간 옷 입으면
고추잠자리야?

세 살 박이
손녀의 질문에
대답이 궁해진
할머니

본향

반들반들
무성한 잎들
살랑이던 무한의 유희
무한의 희열

하늘 높아져
싸늘해진 감각에
떠날 때를 안 나무
곱게 잎 단장을 시킨다

세찬 바람은 단장한 잎을
아무 곳으로나 날리지만
어느 모퉁이든
순종으로 뉜 잎의 고요

최초와 최후를 받아들이는
우주의 철저한 궤도
나 또한 어느 날 거기에
고요히 순종하리니

나는 해바라기

수, 만, 년
그대만을 향한
애틋한 모습
둥근 얼굴에
수줍음 가득

노오란 꽃잎
태양의 뒤를 따라
다소곳 숙인 고개
차마 시선 마주 못 해도
그대만을 향한 일념

홀로 높이 뜬 광채
다가갈 수 없는 쏜

그래도 노란 꽃
갈라놓을 수 없는 운명
지면서도 태양을 향하는
나는 해바라기

작은 별 같이

시간을 낭비하는 것도
도둑질이라 했는데
평생을 시간 낭비한 나는
전과 수십 년의 죄수

오직 오르기만 하는
도도한 나이테는
꿈을 이루기도 전에
불혹의 나이로 떠밀었네

무엇 때문에
무엇을 위하여
숨 가쁘게
시간을 써 버렸는가

늘어나는 흰 머리
허무한 회의
이제라도
죄수를 면할 수 있을까

무수한 나날을
새벽하는 저 멀리
꺼지지 않고 반짝이는
작은 별 같이

풀꽃

태산을 옮기려고
젖 먹던 힘을 다해
삽질을 했다
몇 삽 뜨기도 전에
삽의 날이 무디어 진다

앞선 욕망의 눈가림에
어설픈 당금질로
설 다져 날 세웠던
지난날의 야망은
허사였다

세월은 흘러
여과기를 거친 날은
시퍼렇게 번득여
찍어야 할 산은 높은데
몸이 옛 과 다르다

숙고하는 마음으로
고개 떨구니
작은 풀꽃 낮게 피어있다
욕심 비운 생명에는
태풍도 비켜 간 것이다

투혼

돌들도 타 부스러지는
몸살 앓는 사막
타는 갈증에 시달려온
억겁의 세월
수, 억, 년

밤이슬로
정수리까지
수분을 전 하기엔
언제나 목마른
선인장

거친 풍화 속 외형에
그토록 영롱한
색채를 고이 간직해
화려하고 영롱하게
꽃 피우는 선인장의 투혼

옹이진 상처 여미며
뿌리 내리기까지
고통의 세월을 인내한
우리 디아스포라의 삶 또한
선인장의 투혼 같아라

자연의 소리

한적한 계곡 떡갈나무 숲이라면
자연의 소리는 최상의 음률로
듣고자 하는 그대에게만 들려
침체 된 영혼을 일렁이게 하리라

약한 듯 우렁찬 물소리
절벽 아래로 흐를 때는
힘찬 함성으로 강행을 하고
꼬부라진 도랑을 지날 때는
좌르르 사르르 고요히
외로운 그대 마음 함께 하리라

말라가는 생명에겐 생기를 주며
아래로만 흐르는 긴 여정
넓고 깊어 평온한 바다는
작은 한 방울의 물도 포용해 준다

냉엄한 사회의 울타리를 벗어나
그대여 계곡의 도랑물 소리부터
철썩이는 바다의 파도 소리까지
더러는 떡갈나무 숲에 앉아
조용히 눈을 감고 느껴보는
여유를 즐겨보는 것은 어떠할까

새들의 고향

파란 나뭇잎들은
몸으로 안다
팔랑팔랑 새들을 부르면
창공을 날던 새
나뭇잎 속으로 쏙 들어가
지친 몸 휴식을 한다

애초 새들의 고향은 나무다
가지에 둥지를 틀고
새끼들은 태어나고
나뭇잎들은 몸으로
아기 새에게
팔랑이는 몸짓을 보여 준다

먹이 찾아 날던 새
나뭇잎 속으로 다시 들어와
이곳저곳에서 본 이야기들을
수다스럽게 쩍쩍
잎들은 재미있다고 살랑 살랑
새들의 고향은 나무다

HUMMING BIRD

● 현관 앞에 벌새가 집을 짓고 가족을 기르고 날아간 과정 너무나 귀하고 소중해서 책에 올립니다.

벌처럼 작아 벌새라 불리는 이 작은 새는 꽃의 꿀을 먹고 사는데 아름다운 깃털을 가진 하나님의 놀라운 창조물이다. 벌새의 특징은 빠른 날개 짓과 비행능력인데, 1초에 50~80번 정도의 엄청난 속도로 날개를 저으며, 또 항상 벌새가 날 때면 윙윙 하는 소리가 나기 때문에 이 새를 영어로 Humming Bird. (윙윙대는 새) 라고 부른다.

이 작은 새는 시속 90 키로미터로 날아다니며 특히 아래로 낙하할 때는 시속 100키로 미터의 엄청난 속도로 비행하고 빠른 속도로 날갯짓을 하기 때문에 벌새는 날면서 후진, 전진, 수직 상승 및 강하를 하는 것이 가능하다. 이 새는 시속 50~100키로 미터로 날다가도 갑자기 정지할 수 있는데 그 비밀은 튼튼하게 앞가슴 뼈에 붙어있는 근육으로서 무게가 전체 몸무게의 25~30% 나 된다. 벌새의 몸무게는 3그램 정도. 조류의 대부분은 날개를 아래로 저을 때만 추진력을 얻는데 벌새는 아래 위 두 날갯짓 모두 추진력을 갖고 있다. 다른 새들과 달리 자유로운 비행 기술을 발휘할 수 있다. 벌새가 이렇게 빨리 날려면 엄청난 에너지가 필요하기에 하루에 7000칼로리를 소비한다. 벌새는 12시간이란 긴 잠을 통해 활동하는 시간을 줄여 체내에 필요한 에너지를 조절하며 이때 체내의 노폐물을 제거한다. 또 에너지원으로 가장 효율적인 꽃의 꿀을 이용한다. 꿀을 채취하기 위해 바늘처럼 생긴 긴 부리로 꽃의 깊숙한 화관의 밑 부분을 뚫고 들어가 꿀을 빨아낸다.

벌새의 혀 또한 부리 못지않게 꿀을 효과적으로 입속으로 먹게 되어 있으며 1초에13번을 핥아 짧은 시간에 많은 양의 꿀을 섭취할 수 있다고 한다.

 벌새에 대하여   * 어느 대학 교수가 신문에 칼럼으로 쓴 것을 옮겨옴*

회상

잠자리 꽁지
잡으려고
까치걸음을 한다
반들대는
잠자리 왕 눈
위, 아래
좌, 우로
경계를 한다
아이는 손 뻗고
허수아비가 된다

확신

불모지에 던져진
한 톨의 씨앗
늘 갈급한 목마름
스스로 뿌리 내리기엔
너무나 허약했다

궂은 토양은
떡잎부터
시련을 겪게 하지만
힘겨운 담금질에서
살아가기 위한 지혜
스스로 터득해 가며
희망의 싹은 튼다

묶음 _ 둘

이런 날은

늦가을 찬비에
마지막 단풍잎마저 떨어질 때
나인 것 누구도 알 수 없게
정수리 깊숙이 우산을 이고
무념의 평안으로
외진 오솔길을 걷고 싶다

춘삼월 태동 위해
찬 비바람 잘 견디고자
제 살 버리는 나무처럼
무익한 잡념들을 떨치고
마음의 평온을 구하며
타박, 타박…

어느 것에도 미련 두지 말고
반겨줄 이도 그리운 이도
좋은 것도 싫은 것도 없는
빈 마음으로 잊고 살아왔던
나란 존재의 자아를 구하며
무심히 걷고 싶다

우왕좌왕 싸락 눈발이
더러는 흔적 없이 사라지고
더러는 쌓이고 있을 때
그 눈 맞으며 밟으며
땅인 듯 허공인 듯
살-풋 걷고 싶다

운명

무엇이 나를 고독하게 하는지?

이루어야 하는 것
찾아야 하는 것
그것이 무엇인지
딱히 모르면서
소중한 것을 잃은 것 같은
이 심사는?

마지막 밤차에서 내린
외딴 역 플랫폼에
홀로 남겨진 사람인 양
막막함은?

꽃만 피었다 지던가
달만 찼다 기울던가
잠시의 생의 길목에 서서
이상에, 존재에 방황만 하며
이렁저렁 넘긴 세월 들이
되돌릴 수 없는 공허에
먼 하늘만 보네

낯선 여자

증명사진 찍던 날
라치몬에 위치한 작은 우체국
한국 사람인 듯 중국 사람인 듯
코로나 19로 인해
요점만 말했다

찰칵 셔터를 누른 남자
여자 사진을 내 앞에 내민다
못생긴 할머니가 너무 낯설어
'아우, 넘 이상해'
웃음이 퍽 터졌다

그는 의례히 겪는 일인 듯
빈손으로 머리 빗질하는 나를
다시 사진기에 옮겨 담았다
그 안에 이 영애는 없다
'에이, 할 수 없지 뭐'

시무룩하게 기다린 오 분 여
'미리 말해줬어야지'
혼자 중얼거릴 때

"생긴 대로 나오는 게 사진이야."
"맞아, 그런데 많이 늙었네...

자기 사진 받아보고 찢어 던지던
어떤 노인을 이해하며
옳은 말을 한 딸의 말에
인정을 하면서도
씁쓸한 마음은 무엇일까

반복해서 셔터를 누른들
지는 꽃이라니 울적한 체념은
one more please를 못 하고
외면보다 꽃보다 아름다운
내면을 가꾸자 위안을 해 본다

초라한 사진 속의 할머니를
다시 한번 더 본다
'실물이 헐 좋은데.'
빈말인 줄 알지만
마음은 싫지 않을 터이다

옳은 말이라고 무심히 뱉은
한 마디가 다른 이의 마음을
아프게 할 수도 있겠구나
때론 빈말의 작은 칭찬이
타인에게 위안이 될 수도 있구나

말은 감동을 전하는
가장 확실한 심리적 연금술
워커를 잡은 할머니 앞에서
잰걸음으로 앞지르기 송구해
반은 숙인 자세로 앞서 지난다

사진 속의 인물은 나지만
이 순간이 가장 젊고 풋풋하고
내가 살아있기에 유효하다
매 순간 나를 사랑하고 즐기며
다시 오지 않을 (2021년 9월 21일) 오늘의
영원한 젊은 증명사진을 백에 담는다

소리

고요, 적막,
그것을 사랑하며
호젓이 혼자 있는 시간을
 즐기던 시절이 있었다

산을 오르다
아름다운 곳 만나면
편편한 바위에 걸터앉아
쭉정이 같은 나
알곡이 되어야 한다고

졸졸 계곡물 소리
송림을 스치는 바람 소리
산새들의 쉼 없는 수다
그 청아함이 시끄러워
두 귀를 막았던 나

세월은 모든 것을
변화시켜
내 생각도 변한지 오래다
시끄럽게 느끼던
그 천연의 음률들이 그립다

지금 온갖
기기들의 소음이 공해라
이 소리들 또한
언제까지 싫어할까
아마도 이 소리도 머잖아
그리워질 때가 오리라

들린다는 것 살아있음 이기에
살아있음은 축복이기에

높은 산

저 멀리
높이 솟아 있는
산봉우리에
흰 머리가 났다

줄기마다 능선마다
거칠고 황폐하게
온몸 다 드러내고
뻗어 내린 골짜기들

높이 솟아오른
산봉우리도
지치고 외로워
흰 머리 생겼나 봐

장미꽃 차

　　　　　　　　　겨울이 오면 창 쪽으로
　　　　　　　　　옮겨 놓는 작은 테이블
　　　　　　　　　햇볕 찾아주면
　　　　　　　　　따끈한 물에
　　　　　　　　　한 송이 장미를
　　　　　　　　　띄운다

꽃잎
피우기도 전에
잘린 비운의 봉오리
이런 차를 누가 만들었나
애잔한 마음으로
얼마를 드려다 본다

　　　　　　　　　뜨거운 물 스미며
　　　　　　　　　열리는 찻잔 속
　　　　　　　　　장미꽃 잎
　　　　　　　　　나는
　　　　　　　　　본연의 향기를 잃지 않은
　　　　　　　　　장미의 자존심을 마신다

커피 한잔의 추억이 30년을 간다

- 튀르키예 속담 -

유타주 어느 스타벅스 매점에서 본 사진 그림

동백

한 나무 가지에 맺은
너와 나
분열 되는 걸
원치 않는다
 피의 굳은 결의
온 몸 던져 뿌리 찾기에
선혈로 누운
우리 선조들의 애국처럼
젊음인 채로 툭 지는
 동백꽃 송이

고난의 연속 속에서도
비굴하지 않고 의연했던
한 민족의 강인함
혼과 뿌리 위에
흩어짐 없는
핏빛 결의로 다진
대한의 魂 동백

텃밭

우리 집 텃밭
춘삼월이 오면
어머니 손길에
솟아오르던
오이, 호박, 가지, 근대
상추, 쑥갓, 고추
새 생명이 솟았다

봄비 내린 다음 날
새순 돋는 뒷산
버섯, 고사리, 취나물
산들바람 들판에도
다투어 솟아나는
봄나물들

정성 가득 담아
차려주신 어머니의
그 성장 탕으로
나는 쑥쑥
쑥부쟁이처럼 컸다

하루는

해가 뜨면
썰물 빠진 갯벌처럼
텅 비는 내 집
나 홀로 단독 무대가 된다

거실과 부엌
넓지 않은 생활공간
화초 몇 그루 자라는
마당으로 종종 댄다

하루의 일이 끝난 저녁
밀물처럼 밀려오는 피곤함
자리에 누며
절로 새 나오는 신음 소리

진종일 뭘 했나
주름 늘어나는 얼굴에
마사지 한 번, 해볼 시간 없이
어제가 되고만
오늘

시작은 반

무섭다는 호랑이 보다
치매가 더 무서워
손놀림이 방어라 하니
기타를 배워 보려고
실행에 들어갔다

나이는 숫자일 뿐이라고
쉽게 말을 한다
해도 해도 잊어버리는
노년의 노력이 도리어
체력 소모는 아닐까

뽑아 봐야
감자인지 고구마인지 안다
밀고 가다 보면
고운 음이 나올지
열정만은 불타는데

무모한 도전은 아닐지
염려가 없진 않지만
노력은 배신하지 않는다 하니
긍정의 힘을 믿어 본다

정말 좋겠네

로스엔젤래스에
귀한 비가
며칠 내리더니
하늘이 유리구슬 같고
건물이, 나무들이, 거리가
온통 청결하게 세탁을 했다

내 마음에도 비 내려
이렇게
청결, 깔끔하게
세탁이 된다면
얼마나 좋을까

팜 트리 3

새순 몇 가닥
푸른 하늘에 풀어놓고
우뚝 솟아
무엇을 보는가

팜 트리 머리 위에
최첨단 렌즈를 달아
파출소 데스크 모니터에
연결을 시켜

아래 세상
두루 살피면
뚜뚜 올림픽과 노먼디
길 잃은 노인 뚜뚜

복면 쓴 사람 은행 침입
뚜뚜 경찰은 현장 출두
감기로 마스크 착용한
고객으로 판정

고양이가 쥐를 잡고 있다
뚜뚜뚜뚜뚜뚜
파출소가 시끄럽다
팜 트리야 그냥 크기나 해라

팜 트리 4

잎이 떨어진 흔적
비늘 떨어진
생선 몸통과
너무나 닮은
팜 트리 기둥

껄쭉껄쭉
잎 떨군 흔적마다
세월을 새기며
여전히 하늘로 오르는
고집불통

나도 옹고집으로
나이가 오르고
혈압이 오르고
숨이 차오르고

껌딱지 공생

남의 새 둥지에 알을 낳는 뻐꾹새
자기 알로 알고 품어 키우는
 머리 오목눈이 새

고산 지대에는 큰나무 가지에
더부살이로 서식하는 나무도 있다
큰나무가 끌어올리는 진액을
훔쳐 먹으며 산다

흔히 볼 수 있는 팜 트리 나무도
높이 솟은 꼭대기 이파리 속에
다른 나무가 영역을 넓히며 산다

이런 공생관계로
생태계에 존재해 오지만
밀어내지 않고 잘 살아간다

산마을 아이들

따스한 햇살
언 땅 녹아내리며
아지랑이 아른아른
피어오르고

새 순 같이 여린
올망졸망 또래들
산나물 뜯으려고
조잘대며 산을 오른다

가시덤불 돌아
토끼 낮잠 자고, 만세 부른
거북바위까지 올랐지만
아득하기만 한, 저~산

봄은 가고, 가고 또 가고
나물 캐며 즐겁던 아이들
몸과 마음 성장하니
높은 산은 다른 데 있었다

새벽 별 보고 나가
초저녁 별빛 받으며
깜깜한 산골길, 눈길, 빗길
걷고 뛰며 기차통학
아득한 보릿고개
넘지 못할 첩첩 산이었다

제공자

창가에 놓인 꽃에
빠르게 날아들던 풍뎅이
유리창이 덫이 되어
부딪혀 떨어진 채 파르르 떤다

내 아이는 아이비 대학을
최고의 성적으로 나와
제일의 직장에서
최상의 대우를 받으며
행복하게 살게 하, 리, 라

소원이라는 부모
착한아이 반항 한 번 못하고
방황의 거리로 등교 한다
기쁨의 졸업식 날
축하 꽃 들고 처음 찾아간 부모
흰 천에 덮여 매스컴에 뜬 아들

자식의 뜻을 외면하고
최고만을 고집한
부모의 고루한 인식에
또 하나 덫에 걸린 여린 풍뎅이
4년 방황의 떨림을 끝냈다

사막이다

높은 관직의 아들
뒷전에 숨기고
농사꾼의 아들
의무란 명분 세워
전쟁터로 보냈다

한 계급 특진
아들 옷가지 든 상자
부둥켜안은 아버지
눈을 뜬 채 아들 따라갔다

청상의 며느리
등 떠밀어 내보낸
백발의 시어머니
억장이 무너져도
손자 있어 희망이었다

어느 날 찾아온 며느리
아들 잃은 어미 슬픔
제게는 주지 말라며
금쪽같은 내 새끼 데리고 간다

아들 앞서 보낸 쓰린 가슴
대 물리지 않으려고
돌아앉아 피눈물 쏟는
어미의 생은 사막이다

오물

도둑 지키던 파수꾼의 개가
언제부터 위상이 높이 떴다
부부가, 젊은 미스가
자애로움 듬뿍 담은 미소로
어루만지며 엄마 아빠라 부른다
세상에 부끄러운 일이다
엄마, 아빠는 자식의 부모다

동물에게 값비싼 옷을 입히며
침대 위도 놀이터다
부모 찾는 일 바쁘다 뒤로 미뤄도
때맞춰 개자식 산책은 시킨다
비가 오지 않아 개들의 배설물은
나무 기둥, 담 모퉁이, 어디든
악취, 미관 파괴 주범이다

어떤 개 엄, 빠는 사방을 살피고
자식이 싼 배설물을 그대로 두고
슬그머니 뺑소니친다
개 부모가 개와 동일한 행동으로
멍멍이가 되어 제 새끼 모시고 간다

*사막지역에서 일부의 장면임을 밝힌다.

자유

새장 속의 새가
날마다 곱게 노래를 불러
숲속을 찾은 듯한
즐거운 기분이신가요?

새가 노래를
한다는 것은 착각 일거요
훨훨 날고 싶어
매일 장천 곡을 할 거요

육신이 멀쩡한 우리네
코로나 펜데믹으로
집 안에 은둔 생활할 때
날지 못하던 새가 아니었나요

갇혀 우는 새의 소리가
이래도 노래로 들린다면
아마도
착각인 것 같습니다

욕심

내 안에 어떤 이물질들이
찐득이 똬리 틀고 있어
떨쳐내려는 마음과
치고 부대끼는
울렁증에 시달린
많은 시간들

백 년도 못 사는 인생에
내 것으로만 만들려는
축적된 놀부 근성이
제자리 자맥질로
돌고 도는 모순된
악순환의 나날들

나비로 변신을 위해
고치로 은둔한 애벌레
물레에 제 몸 풀어
화려한 실크를 주는데
흙으로 변할 육신에
무엇을 채우려고
그토록 자맥질만 했던가

담을 넘어

담 넘어
거목의 아보카도 나무
잎 갈이 시작되면
억센 가랑잎 되어
내 집 마당으로 떨어진다
수북, 수북 쌓이는 잎을
쓸어내기 힘든 것은
아보카도 열매가
내 것이 아니기 때문이다

나는 욕심쟁이

나는 욕심 많은
변덕쟁이 인가봐
반짝이는 별을 보면
별이 되고 싶었고
고운 꽃을 보면
꽃이 되고 싶었다

괴로워하는 이를 보면
위로해 주며
동무가 되어주고
창공을 가르는 종달새
지저귀는 소리 들으면
노래하는 사람 되고 싶었다

그중에 제일 좋아하는 건
아마도 글쓰기이었나 봐
글을 쓸 때는
꽃도 별도
노래하는 새도
될 수 있으니까

氏(조상의 성)

나는 박 氏 조상의 후손이다
남편 따라 미국에 들어와
미국 시민이 된 나는 김 氏 성으로 산다
이름은 개인의 고유 명사이고
성은 조상의 대명사다
미국은 내 조상의 대명사를 지우고
남편 조상의 대명사로 바꿔 버렸다
이것이 미국 rule이란다
내 조국보다 미국이 더 男尊의 나라다

罪人의 回心

나는 失踪되어 버렸다
사막에도 동굴 속에도
정글 어느 곳에도
나는 없다
내가 나를 잊어버렸으니
나도 나를 찾지 못한다

배춧잎 파먹은 애벌레
나비 되어 배추씨 맺게 돕듯
사막에서도 연꽃 피운다는
술사의 현란한 주술에
현혹되어
魂이 추락해 버렸다

뜨는 태양은 붉게 타고
저녁노을은 고즈넉이 아름답다
뜨겁던 첫사랑도 가고
노을로 왔다 자취 사린
실체 없는 너의 잔해
虛空을 부유하는 痕迹 뿐

너의 鄕愁에 젖어
存在 하면서 존재하지 않는
존재의 설움에
떨고 있을 때
걱정마라 내일은
내일의 太陽이 뜬다, 이른다

외길의 삶을 가고자
다졌던
마음의 失足을 容恕 할 수 없어
성스런 제단 앞에 숨 조일 때
산소 같은 환청의 慰安에
반딧불 같은 希望의 빛을 본다

3

묶음_셋

달의 모습에서

부산스럽지 않고
너그럽고 은은하게
웅덩이나 흙탕물이나
빛을 나누어주는
달의 모습에서 엄마를 본다

진짜 같은 가식이
서로의 마음을 균열 나게
만들어 놓는 비현실에서
평등하게 어둠 밝혀주는
달빛은 깊고 온유한
엄마의 사랑이다

부당함이 소리높이는
모순을 엄마의 사랑은
호수에 비친 달처럼
조용하지만 단호하게
마음의 중심에 빛을 준다

고추 조림

가열된 팬에
잔 멸치 넣은
조림 고추
자글자글 볶는다

식탁에 오른
풋풋하고 짭조름한 맛
바다와 육지의 영양으로
내 육신을 이어 간다

이런 것들의 희생 있어
나는
또 다른
뭔가를 위해 일을 한다

기다림이란

기다림이란
작은 어선을 타고
고기잡이 떠난
아이들 아빠 기다리는
아내의 심정 같은 것

따사하게 볕든 뜨락
햇살과의 조우에도
불현듯 눈시울 젖게 하는
그런 그리움

첫사랑의 기다림이란
얼룩소의 점박이같이
마음속 문양 되어
생과 동행하게 하는 것

렌트 살이

너절한 생활용품들
상자 속에 챙겨 넣다가
잠시 허리 펴고 창밖을 본다
주저앉을 수도 이탈할 수도 없는
이 현실 속의 중압감에 눌려
소리 없는 울분
푸른 하늘 향해 토해 내 봐도
해방감 없는 삶의 자유여

구속자 없는 매인 인생은 또
어느 마을 어느 집에
아이들과 서로의 체온으로
한기를 막을거나
없으면 아쉬워
두루 챙겨 여민 상자들 속에
잡다함 헤치고 솟아오를
내 어린 남매의 꿈도 동행 한다

감기

맑은 콧물 한 방울
툭
떨어졌다
또 한 방울
별거 아니겠지
일교차라 무시했다

저녁 무렵
잦아지는 기침
가슴에 통증이 온다
견뎌 보려는 무모함은
늦은 밤, 응급실로 향했다

급성 폐렴 진단
위기의 직전에
그 밤으로 입원했다
감기쯤이야 방관하던 것도
이젠 옛 이야긴가
재채기도 무서워진 나이다

별

밤, 하늘
별이 빛나는 것을
바라보는 나는
오늘도 살았음이다

언젠가는 나도
밤하늘, 별이 되어
반짝 반짝
빛을 내겠지

내 아이 이후, 이후 아이들
별을 보다, 그들 또한
초롱초롱
별이 될 거야

거기서 우리 다시 만나
좋은 이웃들과 함께
또다시 행복을 가꾸자
별은 착한 사람들의
영혼이니까

등대

나는 무 생명이지만
생명일 수도 있다
아주 단순한 움직임은
사람을 살릴 수도 있다

사철 한결같은 내 모습에
사람들은 외롭다 노래도 한다

나는 외진 곳에 다만 홀로
내 자리를 지킨다
외롭다는 것, 쓸쓸하다는 것의
상징이기도 하지만, 오직
내 직분에 충실할 뿐이다

세월 2

엊그제
마른 가로수에 녹색
순이 트는 것을 보았는데
오늘 다시 보니
꽃이 피었다

동시에 잎과 꽃이 피나
잠시 혼란스러워
올려다본 하늘
고추잠자리
팔랑팔랑 맴돌고 있다

옆집 할머니
세월이
초고속으로 달려
경찰은 속도위반 티켓
줘야 된다고 불평한다

세월 4

밀려왔다 밀려가는
파도
살며시 찾아왔다
슬며시 뒷걸음치는
세월

철새도
왔다 가고
만개했던 꽃들도
순백의 눈꽃도
스치듯 지나간다

첫 키스의 달콤함도
고통의 아픔도
오고 가니
인생은 스치는
바람 이런가

오고 감의 반복 속에
나이만 올라가지만
너그러움도 지혜도
올라가는
노년이 되고 싶다

덫

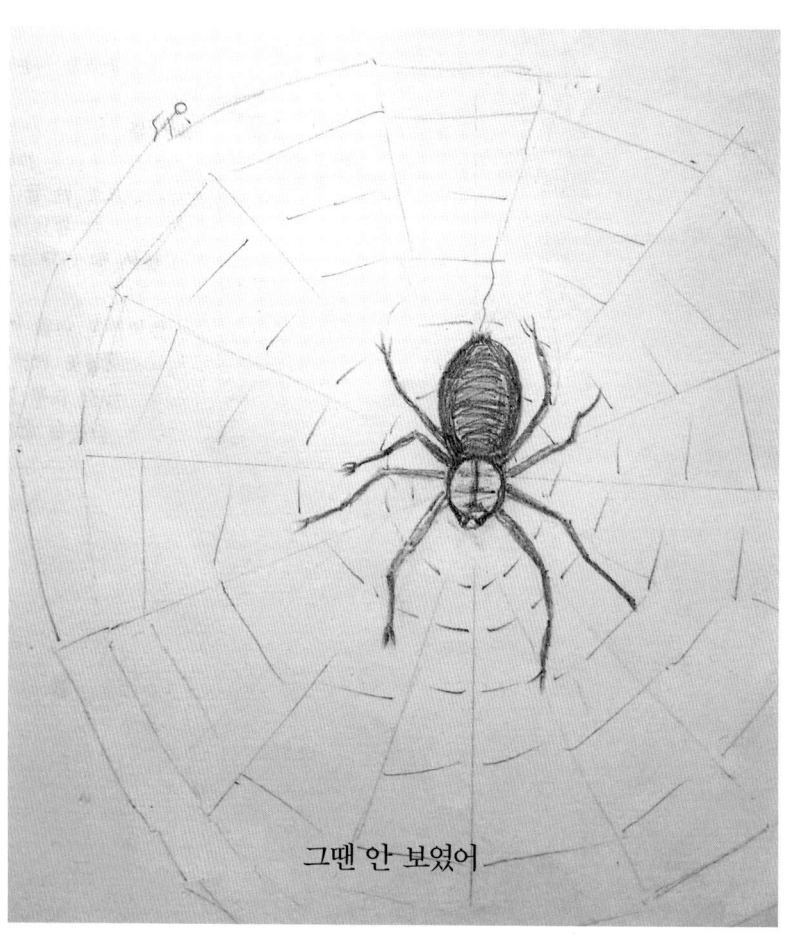

담쟁이를 닮았네

담쟁이
윗글 써 놓고
담쟁이처럼
진전이 없는 내 시심

가꾸지 않아 굳어버린
내 언어의 꽃밭
바위에 뿌리 내린
담쟁이를 닮았네

담쟁이

몇 년 전에 본 담쟁이
아직도 그대로네
아무리 느려도
굼벵이는 먹이 찾아
담을 뚫고 넘어간다는데
콘크리트 벽에 잔뿌리 내리고
그대로 버티고 있네

흙에 뿌리내린 식물도
땡볕에 몸살 앓는데
굳센 의지로
벽돌담에 내린 뿌리지만
그래도 싱그럽기만 하네
성급함 비운 담쟁이 끈기에
박수라도 보내고 싶어지는
나의 본심

후회

동시대에 존재 했었다는 것 뿐
선 자리 달라 서로 알지 못했지만
그가 남긴 최후의 한 마디는
질타의 화살처럼
과시의 돌팔매처럼
뒤늦은 내 생애에
쓰리고 아프게 다가오네

― 우물쭈물 대다가 내 이럴 줄 알았어 ―

땀 흘려 갈고 닦는 수고가
윤택한 삶을 준다는 것을 알면서
똑같이 주어진 시간을
우물쭈물 낭비해
쭉정이로 황혼에 이르고 보니
가슴 저미는 통한에
조용히 떠나고 싶네

동자승

깊은 산골 작은 암자
낡은 기둥
눈 비 새도록
생을 함께 품어온
등 굽어진 동자승

긴 세월 노동으로 일궈 낸
푸성귀로 연명하며
문명과 안락은 자연과 바꾸어
깨달음에 붓다가 된
동자승

암자 옆
바위 타고 오르던 담쟁이
고난을 침묵으로 지켜온
동행자
동자승 사리마저 담쟁인 안다

한겨울
어름 장 속 흐르는 물
동자승 사후 평온도 함께 띄워
넓은 바다 향해
쉬지 않고 흘러만 간다

벗

외딴 벽지
홀로 사는 이에게
사람들은
외롭지 않느냐고
의아히 묻는다

가축 몇 마리 키워도
외로움은
키우지 않는다는
뜻 모를 말을 한다

철 따라 문안 오는
새와 나비
해와 달과 별
지천으로 피어있는
들꽃들

모두 좋은 벗이라며
초연하게 말하는
아리송한 이
얼굴 가득 평안이 보인다

엄만 거짓말

천방지축, 어린 아들
쑤욱-쑥 자라
음성이 굵어지고
턱밑 수염
거뭇거뭇 해 간다

'엄마! 사랑해'
응석 피우며 끌어안은
넓어진 아들의 어깨
여전히 엄마 앞에선
재롱둥이 꼬마

주름진 얼굴에
못 감춘 미소
'아이 징그러'
아들 손 풀어 낸다
'엄만 거짓말, 속으론 좋~ 면서.'

낚시

큼직한 물고기
활처럼 휘게
낚싯대에 매달린
짜릿한 상상으로
동이 트기 전 집을 나섰다

감나무 아래
입 벌린 사람처럼
태평양 바다에 낚싯줄
던져 놓고 느낌 올 때를
기다린 하루

미끼를 덥석 물어 줄
물고기 걸리길 간절히 기다린
나 스스로가 미끼에 걸린
하루가 되었구나

여덟 마리 잉어

산이 높아
골 깊은 아주사 계곡
넓고 깊은 호수에
낚시로 걷어 올린
번쩍이는 여덟, 마리 잉어

감초 당귀 대추 생강
여덟 가지 약재 넣어
팔팔 끓인 여덟 시간
잉어 어묵 되어
냉동고로 들어간다

허약 체질
잉어 엑기스에 건강 걸고
아침, 저녁 한 컵씩
어렵게 목울대를 넘긴다

한 손에 쥔 입가심
얼른 입안에 넣는다

그랜드 캐니언

한 치의 고리로 엮어
곧 무너지질 것만 같이
수억 년 기대어 온
아슬 한 절묘함
저 불변의 예술성
경탄에 영혼이
혼미해 지려 한다

툭 떨어지면
떨어지는 중간에
굶어서 죽는다는
조금도 과장되지 않은
전설을 지닌
상상 불가한 절벽들

무지개 떡 같은
오묘한 대 협곡의 지층들
절대자만이 가능한
웅장하고 장엄한
대 작중의 대작
그랜드 캐니언

어디로 가는가

구름 한 조각
어디로 가는 걸까

나도 어디론가
가고 있다

구름은 바람에 떠밀려가고
나는 시간이 떠밀어 내고

떠밀리고 떠밀어 내지만
흐름을 잡을자 누구인가

나를 찾아

내
의지와
상관없이
일 년은 퇴장하고
새로운 해가 다가온다

언제나
새로운 일 초는 오고
또 매정하게
스치고 지나가고

일 초가 나를 노화 시키고
일 초가 역사를 만들며
초의 흐름이
수 억 만년
비밀을 만들고 밝히고

똑 딱
과거와 미래뿐
그러나
순간은 거듭되니
우리에겐 현재만 있을 뿐이다

4

묶음 _ 넷

끝에 대하여

지구도
별도
태양도, 끝은 있다

마음의 끝은 어딘가?

카를로스 슬림
빌게이트
잡스, 건희

끝없이 무엇을 찾는다

지구를 돌고 돌며
찾고 찾아도
다 못 채운, 빈 가슴

스푸트니크 발사 이후

행성을 오가는 시대
그러나 정작
서야 할 땅은 잃어만 간다

과학 문명의 편리함에

이웃사랑, 협동정신
나태해저만 가는
에덴동산의 실태

물질 만능의 이기에서

창조주께서는
선한 목자, 사마리아 여인을 위한
신 창세기 재 창조 하실까?

싶을 때가

검은 먹구름이
머리 위까지 내려앉은 날이
아주, 아주 가끔은
있었으면 싶을 때가 있다
소중한 것을 잃은 것 같이
허전하고 암울한 심정일 때
잔뜩 눌린 공간 속을
하나의 점막으로
가물거리도록 걷고 싶을 때가

힘을 과시하는
야생 동물의 포유처럼
늦가을 장대비가 사납게
들창을 치고 흘러내리고
퇴색된 마지막 잎이
빗물에 휩쓸릴 때
막연히 창가에 기대어
찌든 혼돈과 역경들을
빗물에 던져버리고 싶을 때가

한 마디

딸이
쇼핑을 다녀 왔다
제 딸의 옷과
엄마 옷을 사왔다

'네 옷이나 한 벌 사지
집에만 있는 엄마 옷은
뭐 하러 사왔어'

'엄마,
 난 아직 젊잖아'

그 한 마디

돌아앉아
껌벅 껌벅 고이는 눈물
삼켜야 했다

불쌍한 울 엄마 생각에

동짓달

개미의 행렬처럼
줄지어 달리던 차량들도
벌집 같은 아파트의
불빛들도 점차 사라져가는
밤

시퍼렇게 날선 검 같이
예리한 동짓달 달빛이
유독
휘휘 청청
도도하게 떠 있다

한 많은 여인의 눈빛처럼
오싹한 야광 속에
시심에 목마른
난
취객처럼 비틀 거린다

저리도 차가운 달빛은
언제나 홀로 외로움에
지친 때문이려니
이 밤은 너와 내가
하나인 듯싶구나

85년 12월 20일 잠실 석촌호수에서

달

건너 집 지붕 위로 붕 떠 오른
둥근 달
못 본 척 외면하고
안으로 들어와 잊고 말았다
어느 사이 따라 왔는지
창문 앞 나뭇가지 위에
턱 걸치고 앉아
은근히 유혹의 빛을 보낸다

지칠 줄 모르고 울어대는
귀뚜라미 소리
외로움에
잠 못 들게 하여
뒤척이던 이 밤
소꿉친구 인양 마음 끌려
슬리퍼 꿰고
달님 옆에 마주 앉아
말없이 마음만 주었다

낮달

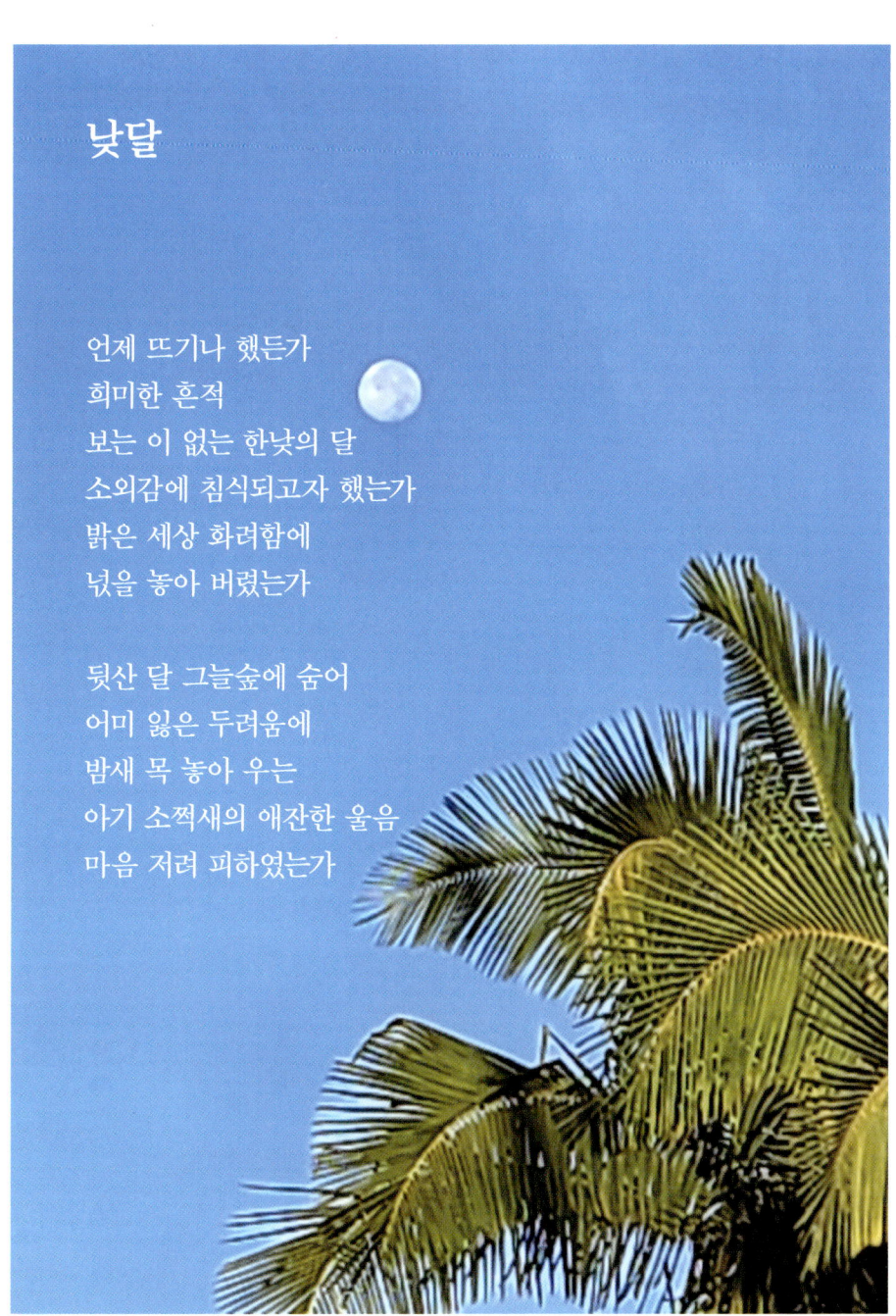

언제 뜨기나 했든가
희미한 흔적
보는 이 없는 한낮의 달
소외감에 침식되고자 했는가
밝은 세상 화려함에
넋을 놓아 버렸는가

뒷산 달 그늘숲에 숨어
어미 잃은 두려움에
밤새 목 놓아 우는
아기 소쩍새의 애잔한 울음
마음 저려 피하였는가

고구마 순

마켓 봉지 속
한 개 남은 고구마
천대받은 긴 시간
제 몸 수액으로
싹을 띄웠다

유리병에 물 담아
볕 바른 창가에
꽂아 놓으니
생기 얻은 고구마
여기저기 넝쿨 뻗는다

자라가는 모습
바라보는 즐거움
스카치테이프로
예쁘게 붙여놓으니
화초가 따로 없다

허황

신이
인생의
쇠퇴된 육신에
한 번쯤 생기를
되찾게 해 준다면
아마도
지금보다는 훨씬
고급스런 세상이지 않을까

성아

형체 없어도
보이는 너

곁에 없어도
곁에 있는 너

가질 것 없어도
버릴 것 하나 없는 너

너는 비록 흙으로 갔지만
나는 비록 살아있지만

나는 없고
너만 남아 있다

에버그린 여성 합창단

내가 그곳에 갔을 때
그녀들은 활짝 핀 해바라기
중년의 모습들이었다

우리는 여전히 규칙대로
봄날의 종달새같이
바다 새의 청아한 음색으로
찬양과 가곡을 노래했다

그 음성 한결같은데
원숙했던 중년이 단아한 노년의 품위로
향기가 깊어 간다

알곡으로 익어가는 겸허함
온기를 나누며 노래하는
시니어 여성 에버그린 합창단
고운 음성 아름다운 향기 모두와 함께 나눔을

홍도 절경

하이라이트로 보여주는
TV 화면 속, 홍도는 정말 매혹적이다
그곳은 더할 나위 없이 평화롭고 온화해 보인다
아, 천국이구나. 천국!!
그 누구도 가본 적 없는
각자가 그려보는 천국이 저런 곳이려니
그런 생각이 훅 스친 다음 순간
번개보다 빠르게 아니지, 아니야
이건 잠시, 느낀 내 생각일 뿐이지
각자는 다를 수 있어
아름다운 절경, 온화함 속이라도 변화가 없다면
그건 권태로움이 될 수도 있어
사람은 슬픔도 기쁨도 성취감도 고통 속에
느끼며 부대끼고 변화하는, 아마도
그렇게 살고 있는 내 주변이 천국일지 몰라

그리움

초저녁 햇살 거둔
산그늘처럼
무기력하게 침식되는
이 저녁
서럽다 짓무른 가슴에
아련히 떠오르는
그날의 연정 하나

주홍의 노을도 흩어진, 어스름 녘
겹겹이 덧칠된 그날들의 얼룩이
휑 한 가슴에
희미한 반딧불처럼 가물거리네

어둑해진 산허리
세모시 안개 띠 두르면
둔탁한 맹꽁이들의
한 서린 울음
산속, 어미 찾는 소쩍새
애절한 음률에
심란한 이 밤도 깊어만 가네

석류

윤기 흐르는
여린 새순 사이로
빨갛게 핀
작은 꽃

벌새가 날아와
입맞춤을 한다
미풍에 꽃잎은
나비춤으로 내리고

뜨거운 햇살
익어가는 열매
열여섯 순이의
볼을 닮아간다

독거노인

좁은 부엌 모서리에
붙여놓은 식탁
나머지 두 면 앞에
두 개의 의자

온종일
말할 사람 없던 노인
식사할 때는
할 말이 생긴다

옆, 빈 의자에게
'너도 같이 먹자'
애초 대답은
없다는 걸 잘 안다

노인은
외롭지 않으려고
할 말을 찾았고
꼭꼭 씹어 밥알을 넘긴다

불편함을 모른다

산속 화전 밭 일군 조금의 땅에
씨 뿌려 가꾸고 수확하며
지천에 널린 산나물, 약초
두루 채취하여
맑은 햇살에 뽀송뽀송 말렸다가
백설 청정한 계절 화롯가에 앉아
수고로 모은 결실로 육신의 양식을 한다

최첨단 과학 문명통신은 몰라도
간간히 구입하는 몇 권의 책과 동무하며
해빙기 물소리 봄을 느끼고
온갖 꽃들 고운 단풍, 사계절을 흠뻑 즐긴다
앙상한 나뭇가지도 인내하며
찾아올 봄을 꿈꾸니
비운 마음은 언제나 가볍다

장수 가족

수많은 골짜기 이끌고
승리의 군병같이
겸허할 줄 모르고
신에게 도전하듯
창공을 가르며
하늘로 오르다 정지된
시에라 산맥*

아득한 하늘 끝자락에
지친 몸 뉘이고
만년설이란
흰 눈 머리 못 벗고
일어설 줄 모르니
신의 노여움 내렸는가

백수시대
노부모 모신, 노 아버지
손자까지
사 대를 이룬 한 가정
구비 마다 휘도는
삶의 무게

가장의 이마엔
시에라 산맥 같은 깊은 골
중년의 백발도
검은 머리 간데없이
시에라 산맥을 닮아 간다

* 해발 14,500피트(4,421미터)

내일은 꼭

따사한 햇살
추위에 웅크렸던 몸은
긴장 풀리며
한낮에도 졸음에 시달린다.
딱 오늘만 실컷 졸고
낼부터는 못 쓴 글, 보충해야지

불볕더위, 축 처지는 몸
찐득한 불쾌지수
오늘만 서늘한 곳에서
늘어지게 빈둥대고
낼부터는 안이한 태도 싸악 버려야지

청명한 하늘
곱게 단장한 단풍들
하늘하늘 들녘 코스모스
자꾸만 날, 나오라 부른다
못 읽은 책, 낼은 꼭

더욱 떨어지는 해질녘 기온
초저녁부터
침대 속으로 파고든다
낼 새벽 일어나
쓰다 만 원고를 끝내야지
새벽 이불 속의 유혹, 낼은...

손녀

인파가 몰려드는 관광지
유명 사적지 목전에서
우리도 발걸음이 빨라졌다
어린 손자들 눈으로 살피며
뒤따라 걷는 나를
열 살이 채 안된 손녀가
몇 차례 뒤 돌아 본다
어여 엄마 따라 가라는
나의 손짓에도 멈추어
내 손을 잡고 간다

저녁 식사 일찍 마친 날
가족이 동내 산책길에 나섰다
팔랑팔랑 앞서가던 손녀
자꾸자꾸 뒤 돌아 보다가
내게로 온다
'할머니 괜찮아?' '응, 괜찮아.'
손녀는 다시 나폴 대며 앞서 간다

외식하러 가던 어느 날 저녁
자동차 뒷좌석에 앉은 손녀
살며시 내 어깨에 기대며
손을 잡는다
아, 이 온기
머리에서 발 끝까지
애틋한 사랑의 전류가 흐른다
누가 가르쳐 준 것도 아닌데
눈물이 스치고 만다

신생아

생일 같은 또래끼리
서로 누군지
존재감도 모르고
강보에 쌓인 채
나란히 누어있다

세상과의 조우
짧은 순간의
철저한 무념의 세계
너무 고운 그 모습
보는 이들 모두를 일순간
천사로 만든다

세상살이에 웃음 전하는
유명 희극인들
말과 행동 없이
보고 듣는 이들에게
이 같은 미소 전할 수 없다

가만히 누어만 있어도
누구라도 착한 사람 만드는
신생아는
선배들의 스승
신이 보낸 보배

외출

어느 날 오후 여자 3대가
베버리힐즈에 있는
유아원에 갔다

많은 놀이 기구에
한껏 빠져든 딸의 아기가
다른 아기와 놀고 있다

키 큰 남자 선생
하이 베이비 눈높이 맞추며
무릎 꿇고 손 내민다

시선 마주친 남자
빤히 바라보던 아기
으앙 울음 터트린다

두 돌 된 아기가
서양 남자 용케 알아본다
암 쏠
얼른 자리를 피해 준다

나도 아기가 되고 싶다
언어문제 힘들 때
으앙 울어 버리면
암 쏘리 해 주겠지

내가 나에게 하는 말

발행일　2025년 5월 25일
지은이　김상분
펴낸이　이영균
펴낸곳　도서출판 규장
출판등록　제2018-000134호

주　소　서울시 중구 퇴계로 73길 10 흥인빌딩 1002호
전　화　82-10-9705-8848
팩　스　82-2-2278-8864
이메일　yk8850@naver.com

ISBN 979-11-91123-25-8
값 15,000원

- 무단 전제 및 복제를 금합니다
- 잘못된 책은 바꾸어 드립니다.